# प्रेरणा का स्त्रोत

बिन्दु कपूर मल्लिक "प्रेरणा "

BookLeaf Publishing
India | USA | UK

Made with ❤ on the BookLeaf Publishing Platform
www.bookleafpub.in
www.bookleafpub.com

Dedication

**मधुर स्मृति**

***मेरी माँ***

***श्रीमति सुनिता देवी कपूर***

Preface

## **मै कौन हु ?**

*किसी का ख्वाब या किसी की हकीकत*
*किसी का वर्तमान या किसी का भविष्य*
*किसी का सव्रस्व या किसी का शून्य*
*किसी की तमन्ना या किसी की तकदीर*
*किसी की चाहत या किसी की जिंदगी*
*किसी की धरोहर या किसी की*
*जिम्मेवारी*
*किसी का अभिमान या किसी का गुरुर*
*उलझी हु अपने ही सवालों मे*
*शायद जवाब ना मिले इस जिदंगी मे*

***बिन्दु कपूर मल्लिक " प्रेरणा "***

# Acknowledgements

## कृतज्ञता

हिंदी सर्वश्रेष्ठ भाषा है और मुझे इससे लगाव भी असीम हैं।बचपन से ही मुझे हिंदी उपन्यास और कविता संग्रह पढने का शौक था। सभी कवि सम्मेलन चाव से सुनती थी। जिंदगी हौले हौले आगे बढती रही और एक दिन बच्चे बड़े होकर अपनी अपनी दिशाओं मे चले गए। उन खाली पलो मे हिंदी से लगाव फिर उजागर हुआ ,मैंने कविताएं लिखनी शुरू की। इस सफर मे मेरा कई लोगों ने साथ दिया। मुझे मेरे भाई संदीप कपूर ने रोजाना प्रोत्साहित किया। मेरे घरवाले

,पति एवं बच्चों ने पग पग मे साथ दिया। मेरी सहेली नमिता एवं माया ने मेरा उत्साह वर्धन किया। मै आभारी हूं उन सबो की जिन्होंने इस कारवाँ मे मेरा सहयोग किया।

मेरी कविताओं मे जीवन के कुछ खट्टे मीठे अनुभव है। उन्ही अनुभवो का निचोड़ मैंने प्रस्तुत किया है। मुझे गुजरे हुए वक्त से बहुत लगाव है।

"जब हम दिल से हँस लिया करते थे,
जब सच मे थोड़ा सा जी लिया करते थे ।।
जब संयुक्त परिवार ही परिवार हुआ करते थे,

जब पडोसी भी अपना परिवार हुआ
करते थे ।।"

माँ से मेरा असीम लगाव था। उनके
बिना जीवन की कल्पना भी नही की थी।

" माँ का विकल्प कुछ भी नही
मै भी नही कुछ भी नही ।
बचपन के सुनहरे दिन भी नही
जवानी की वो हठे भी नही।"

जीवन मे खामोशियों की
अपनी अलग आवाज होती है। वर्तमान
एवं भविष्य दोनों के लिए आवश्यक
होती है।

"कुछ खामोशियाँ बेहतर होती है

आने वाली मुसीबतों को टाल देती हैं ।
कुछ रिश्तो के लिए बहुत अहम होती है
करीबी रिश्तो को बनाए रखती है ।"

मै एक घरेलू महिला हूं, मैने जो भी लिखा है आशा है वो आपके दिलो को छु सके। ये मेरा एक छोटा सा प्रयास है।अगर मेरी कोई कविता आपके हृदय को स्पर्श करें तो अवश्य बताइएगा ।मेरी कविताओ की लड़ी आपको समपिर्त करती हूं । इसी आशा के साथ आप सबका साथ चाहती हूं ।

बिन्दु कपूर मल्लिक " प्रेरणा "

# 1. हिंदी

*हिंदी ही हमारी शान*
*हिंदी ही हमारी पहचान*
*ये मातृभाषा, पूर्वजों की आन*
*हमारे समाज का है उत्थान*
*हमारे पूर्वजों की साहसी दास्तान*
*हमारी अग्रिम पीढियो को दान( मार्ग दर्शन)*
*चुका नही सकेंगे कर्ज़ हम नादान*
*ये ही हमारी असल पहचान*
*हिंदी को हम आगे बढ़ाएंगे*
*इसकी महत्वत्ता विश्व को समझायेंगे*
*विश्व में है ये हमारी पहचान*
*हमारी संस्कृति, हमारा भारत महान*

# 2. दर्पण

*दर्पण झूठ नही बोलते*
*कितने भी कलयुग आ जाये*
*कच्चा चिट्ठा दिखा देते*
*हर सच्चाई बयाँ करते*
*कितना भी छुपाया जाये*
*हर हकीकत बेनकाब हो जाये*
*दूध का दूध कर देते*
*पानी को पानी रहने देते*
*नकाब चेहरों से हटाते*
*असलियत दिखा कर रहते*
*कोई ना बच सका इससे*
*नेता,चाकर चाहे जितने*
*सच का आईना दिखाते*
*दर्पण झूठ नही बोलते*

# 3. रिश्ते

*रिश्तो में अब पहले जैसी बात नही*
*पहले की तरह वो अपनापन नही*
*झूठ फरेब ही आजकल के गहने*
*दिखावे पर ही है सभी अटके*
*रिश्तेदार अब बिन बुलाए नही आते*
*किसी बड़े समारोह पर ही घर आते*
*सालियों जीजो की अब नोकझोक नही होती*
*आजकल तो सालिया भी बहुत कम होती*
*बच्चे अब दादी नानी से कहानियां नही सुनते*
*अब तो बच्चे हाथो में फ़ोन लिए घूमते*
*देवर भाभी के मजाक अब नही चलते*
*ना भाभी को समय ना देवर को फुरसते*
*रिश्तो की गर्माहट अब ठंडी पड़ गयी*
*रिश्तो में अब पहले जैसी बात नही*

# 4. ये उन दिनों की बात है

*ये उन दिनों की बात है*
*जब हम दिल से हस लिया करते थे ,*
*जब सच में थोड़ा सा जी लिया करते थे ।।*
*जब भविष्य किसी सपने जैसा था,*
*जब लोग हर पल खुलकर जीते थे ।।*
*जब संयुक्त परिवार ही परिवार हुआ करते थे ,*
*जब पड़ोसी भी अपना परिवार हुआ करते थे ।।*
*जब इंसानो में इंसानियत हुआ करती थी ,*
*जब सबके होंठो पर सच्चाई होती थी ।।*
*जब सूरज को भी पूजा करते थे ,*
*जब चाँद भी मामा हुआ करते थे ।।*
*जब दिन बेवजह नही गुजरते थे,*
*जब शामें अपनों के बीच गुजरा करती थी ।।*
*जब आंसूओ की भी कीमत हुआ करती थीं,*
*जब हमारे जज़्बात ही हमारी पहचान होती थी ।।*
*ये उन दिनों की बात है*

# 5. कुछ लम्हे

*कुछ लम्हे ,संभाल कर रखे थे,*
*ना जाने,कहाँ खरच हो गए थे।।*
*कुछ लोगो की नज़रो में ,हम बच्चे थे,*
*हिसाब में ,अभी भी शायद कच्चे थे।।*
*कुछ यादें, ज़िन्दगी से समेटी थी,*
*बदलते वक्त के साथ, खो सी गई थी।।*
*कुछ दिन ,अपने लिए भी जिये थे,*
*बाकी तो दुनियादारी में खर्च हो गए थे ।।*
*कुछ रातें, ख्वाबो में बीती थी,*
*दिन के उजालो में ,लुप्त सी हो गयी थी।।*
*कुछ अधुरे खत,इकट्ठे किये थे,*
*अधुरे थे,फिर भी बहुत कुछ सीखा गए थे।।*
*कुछ पुरानी चीज़े,संभाल कर रखी थी,*
*जिनकी आज ,कोई भी कीमत नही थी।।*
*कुछ राज़,आज भी राज़ है,*
*वो राज़ ही रहे ,तो बेहतर है।।*

# 6. खामोशियाँ

*कुछ खामोशियाँ बेहतर होती है*
*आने वाली मुसीबतो को टाल देती है*
*कुछ रिश्तों के लिए बहुत अहम होती है*
*क़रीबी रिश्तो को बनाये रखती है*
*वक़्त की असली पहचान कराती है*
*खुद से खुद की पहचान कराती है*
*तुफानो को किनारे तक पहुँचा देती है*
*बड़ी से बड़ी तकरारो को टाल देती है*
*वर्तमान को खुशनुमा बनाने में सहायक होती है*
*भविष्य को सुनहरा बनाने में मदद करती है*
*कुछ खामोशियाँ बेहतर होती है*

# 7. फिक्र एवं फुर्सत

*ज़माने में किसे हैं फ़िक्र ?*
*धर्म के चिंतन की,*
*पूर्वजों के स्मरण की ,*
*संस्कृति के उत्थान की,*
*बलिदानो के गुणगान की,*
*पीड़ितों के सुधार की,*
*ग्रंथो के पुनर्निर्माण की ,*
*ज़माने में किसे हैं फ़िक्र ?*
*ज़माने में किसे हैं फुर्सत ?*
*राम के अनुशरण की,*
*कृष्ण के उपदेशों की,*
*गौतम के ज्ञान की,*
*दधीचि के त्याग की,*
*द्रौपदी के अपमान की ,*
*सीता की परीक्षा की,*
*ज़माने में किसे है फुर्सत ?*

# 8. नदी

*काश मैं नदी होती ,*
*तो सभी के गमो को बहा देती ।।*
*किसी के दुखों के पहाड़ को,*
*अपने साथ बहा ले जाती ।।*
*किसी की उम्मीदों को ,*
*साकार करने में मदद करती ।।*
*किसी वृद्ध के कलेजे को ,*
*ठंडक प्रदान कर पाती ।।*
*किसी बच्चे के सपनो को ,*
*यू ही नही बहने देती ।।*
*काश मै नदी होती ।।*

# 9. तन्हाई

*तन्हाई में सुकून होता है*
*अपने से वार्तालाप होता है*
*तन्हाई में शोर होता है*
*चारो ओर कोई नही होता हैकट*
*तन्हाई में शांति होती हैं*
*कोई उम्मीद नहीं होती हैं*
*तन्हाई मे आँखे बन्द होती हैं*
*किसी की यादें संग होती है*
*तन्हाई में हवाई क़िले होते है*
*अधुरे ख्वाब पूरे होते है*
*तन्हाई में दर्द होता है*
*पुराने ज़ख्मो का हिसाब होता है*

# 10. अपने

*अपने जब अकेला हमे छोड़ जाते है*
*हमारे जिस्म से जान भी ले जाते है*
*वो हर पल हमे याद आते है*
*कभी हँसाते तो कभी रुलाते है*
*पीछे हज़ारो सवाल छोड़ जाते है*
*जिनका जवाब एक पहेली बना जाते है*
*अकेले ना जाने कहाँ चले जाते है*
*सारे रिश्ते नाते यही छोड़ जाते है*
*हमसे मुँह फेर चले जाते है*
*सारे बंधन तोड़ कर चले जाते है*
*लाख कोशिशों के बाद भी नही आते है*
*हमे इस संसार में तन्हा छोड़ जाते है*

# 11. दिल

*दिल टूटने की कभी आवाज नही होती*
*किसी के वापस आने की उम्मीद नहीं होती*
*किसी को ज़ख़्म यू दिखाया नही जाता*
*किसी का दर्द यू आज़माया नहीं जाता*
*दिल के टुकड़ों को कभी समेटा नहीं जाता*
*टूटा दिल फिर कभी जोड़ा नहीं जाता*
*किसी के आने की आशा नहीं होती*
*किसी के जाने की वजह नही होती*
*कही दिल टूटने से हलचल नहीं होती*
*दिल टूटने की कभी आवाज़ नही होती*

# 12. जीवन

*जीवन की अजब विडंबना है*
*कही सुख शांति सी है*
*कही अपने भीतर के द्वंद्व है*
*कही बचपन के साथी है*
*कही जीवन के साथी है*
*कही विश्व के कारनामे है*
*कही अपनो से ही हारे हैं*
*कहीं समाज के बंधन है*
*कही पैरो मे बेड़िया है*
*कही अपने से ही सवाल है*
*कही कोई भी ना जवाब है*

# 13. सपना

*वो सपना ही था जो अब टूट चुका है*
*हकीकत से मुलाकात हो चुकी है*
*कुछ कसमे थी कुछ वादे भी थे*
*कभी हम भी किसी के लिए तरसे थे*
*जब धड़कने तेज हो जाया करती थी*
*किसी का नाम ही बेचैन कर देता था*
*कुछ शिकवे कुछ गिले भी हुआ करते थे*
*लेकिन हम ख्वाबो में खोये रहते थे*
*ना ज़िन्दगी की परवाह थी*
*ना अपनी ही परवाह थी*
*अब हकीकत से सामना हुआ है*
*चोट पुरानी है इलाज़ लाइलाज़ है*

# 14. ज़माना

आज भी याद है मुझें वो ज़माना
खेले कूदे साथ बचपन का ज़माना
साथ मिलकर रोज़ाना प्रार्थना गाना
साथ मिलकर शिक्षिका का आदर करना
टिफ़िन मे विद्यालय में हुड़दंग मचाना
व्यायाम की कक्षा में खो खो खेलना
विशेष के लिए शिक्षिका के चक्कर काटना
खाली पीरियड में जी भर के खेलना
क्लास फ़ोटो के लिए तैयार होकर आना
फ़ोटो देखकर एक दूसरे को चिढ़ाना
परीक्षा के पहले बार बार दोहराना
सहेलियों की लूज़ शीट का खयाल रखना
रोज़ाना एक दूसरे की चोटी खीचना
बिना वजह एक दूसरे के पीछे भागना
परीक्षा के दिनों में गुमसुम से रहना
बेसब्री से खत्म होने का इंतजार करना
होली में एक दूसरे पर स्याही छिड़कना
गणेश चतुर्थी में दो लड्डूओ का मिलना
शिक्षिका दिवस में खुद शिक्षिका बनना
जन्मदिन में सबको दो दो टॉफियां देना

*फैंसी ड्रेस में कुछ भी बनकर जाना*
*इनाम ना मिलने पर रोते हुए घर आना*
*आज भी याद है मुझे वो ज़माना*
*खेले कूदे साथ बचपन का ज़माना*

# 15. माँ

*माँ के बगैर सब अधूरा सा*
*नैनो मे सैलाब अटका सा*
*माँ शब्द ही सम्पूर्ण खुद*
*किसी परिभाषा का नही मोहताज*
*इस शब्द में समाता सम्पूर्ण विश्व*
*शब्द नही ये ममता का सागर*
*जितना भी सोचूँ माँ है विराट*
*जितना भी कहु माँ है महान*
*कहाँ उसे ढूँढू कोई तो बताए*
*जिससे मिले सुकुन उसे तो बुलाएं*
*कोई ना कमी ये पूर्ण कर पाएगा*
*माँ का आँचल अब ना हाथ आएगा*
*माँ का आँचल अब ना हाथ आएगा*

# 16. आज

*आज दिल खोलकर मुस्कुराना आ गया,*
*हर दौर मे चहचहाना आ गया।।*
*हर ग़म को भुलाना आ गया,*
*हर याद को छुपाना आ गया।।*
*कुछ समझदारी से सुलझाना आ गया,*
*कुछ अधूरे कार्यों को अंजाम देना आ गया।।*
*मिली जो ठोकरें उनसे बचना आ गया,*
*गिर कर फिर से उठना आ गया।।*
*वक़्त की थपेड़ों से सब सहना आ गया ,*
*बिना कहे सब कुछ समझाना आ गया।।*

# 17. नया वर्ष

*नया वर्ष आएगा,उम्मीदें नयी लाएगा,*
*नए दिन नई राते,सप्ताह नए लाएगा ।।*
*नए हौसले नई उम्मीदें, नई उड़ान उड़ाएगा,*
*नई आशा ,नई उमंगे,सपने नए सजायेगा।।*
*नए भँवरे नई गुंजन,खुशबू सर्वत्र फैलाएगा,*
*नए पुष्प नई कोपल,काटो में फूल खिलायेगा।।*
*नए आविष्कार नई खोजे,विज्ञान नया दर्शायेगा,*
*नए क्षण नई खुशियां, यादे नयी बनाएगा।।*
*नए अनुभव नए जज़्बात, अहसास नए कराएगा,*
*नए रिश्ते नए नाते,इतिहास नया रचाएगा ।।*

# 18. आंखे

*आंखे दिल का दरवाजा होती है*
*कुछ छुपे हुए राज़ खोलती है*
*कभी नम तो कभी बरसती है*
*कभी खिलखिला के हँसती है*
*कभी रोकर नदिया बहा देती है*
*कभी हँस कर रौनक ले आती है*
*इनकी गहराई में कोई डूब जाता है*
*इनके बहाव में कोई तैर जाता है*
*किसी की उम्मीद को ज़िंदा करती है*
*किसी को जीने की वजह देती है*
*बंद हो तो शांति का संकेत देती है*
*खुलते ही सारी हकीकत बयान करती है*
*आँखे दिल का दरवाजा होती है*

# 19. मेरी सहेली

*मेरी ही सहेली थी वो*
*मेरी ही परछाई थी वो*
*जब भी मुझसे मिलती,*
*मेरी अंतरात्मा को छू जाती*
*कभी वो हँसाती कभी वो रुलाती*
*मुझे ही रोज़ाना वो मुझसे मिलाती*
*दिल में कई अरमां, कुछ अधूरे सपने*
*लिए न जाने कहाँ खो गई*
*कुछ अनकही बातें, कुछ अनछुए लम्हे*
*मेरी झोली में डाल गई*
*ढूँढती हु आज उसे ,उन गलियों में*
*चले थे साथ जहाँ हम बचपन में*
*काश वो वक़्त फिर से आ जाएं*
*वक़्त भरे उड़ान मुझे वहाँ ले जाएं*
*मेरी ही सहेली थी वो*
*मेरी ही परछाई थी वो*

# 20. नारी

*नारी ममता का सागर हैं*
*नारी पवित्रता का प्रतीक हैं*
*नारी शक्ति का स्त्रोत है*
*नारी सर्वज्ञानी, सर्वोत्तम हैं*
*नारी महत्वाकांक्षी है*
*नारी संस्कारी ,सर्वोच्च है*
*नारी सहयोगी,सहकर्मी है*
*नारी यथार्थवादी, प्रगतिशील है*
*नारी धैर्य की खान है*
*नारी आशाओ की मशाल है*
*नारी प्रेरणादायी, त्यागमयी है*
*नारी पुज्यनीय, अतुलनीय है*

# 21. समाज

*ऐसा समाज जहाँ कोई पाबंदियां न हो*
*किसी के भी पैरो में बेड़ियाँ न हो*
*जहाँ इंसान दूसरे को दुश्मन न समझे*
*जहाँ एक दूसरे का असम्मान न हो*
*कोई जाति धर्म का बंटवारा न हो*
*सब मिलजुलकर एकता से जिये*
*कोई छोटा बड़ा, अपना पराया न हो*
*जहाँ किसी हुनर का जाति धर्म न हो*
*हर व्यक्ति दूसरे व्यक्ति से प्रेम करता हो*
*घृणा द्वेष जैसा कोई भाव ही न हो*
*कहाँ है ऐसा समाज,कहा ढूंढू उसे*
*जहाँ हम चैन की बंसी बजा पाते*
*काश ऐसा आदर्श समाज कही बना पाते*
*दुनिया को आदर्श समाज की छवि दिखा पाते*

# 22. दास्ताँ

*उम्र की यह दौड़ नही आसां*
*तजुर्बे तमाम दे जाता है जहाँ*
*दोस्तो का क्या करे बयाँ*
*उन्ही के दम पे जीते हैं यहाँ*
*अभी तो अधूरी है आशाएँ*
*अभी तो बाकी है इक दास्ताँ*
*यू तमाम उम्र बढ़ती है यहाँ*
*छोटे छोटे ख्वाबों की इन्तेहाँ*
*क्यों सफर मे अनजान बनते रहनुमां*
*हमने तो बेगानो को बनाया हमनवां*
*अभी तो अधूरी है आशाएँ*
*अभी तो बाकी है इक दास्ताँ*

# 23. झंडे

*हम धरती पर झंडे गाड़ेंगे*
*झंडे चाँद पर भी लहरायेंगे*
*विश्व मे ना पीछे रहेंगे*
*निरंतर अग्रसर होते जाएंगे*
*दुश्मन ना मुकाबला कर सकेंगे*
*अपने को इतना शक्तिशाली बनायेंगे*
*भविष्य मे निरन्तर बढ़ते जाएंगे*
*भारत को शिखर पर पहुचायेंगे*
*विश्वगुरु का ताज हम पहनेंगे*
*हमसे ना कोई देश जीत पाएंगे*
*राम,कृष्ण की धरती है ये*
*इसको पावन भूमि बनाएंगे*

# 24. अजब

*अजब रास्ते अजब पगडंडिया*
*जीवन के सफर की आँधिया*
*क्या कुछ नही सिखाती ज़िम्मेदारिया*
*खुद को खुद से मिलाती हैं ज़िम्मेदारिया*
*कब बचपन बीता पता न चल पाया*
*कब ज़िम्मेदारियों मे फसे पता न चल पाया*
*कब बड़े हो गए पता न चल पाया*
*बच्चे कंधो तक पहुच गए पता न चल पाया*
*जीवन की राह में उतार चढ़ाव आते गए*
*हम उनसे गिरते संभलते आगे बढ़ते गए*
*कब बालो की सफेदी झलकने लगी*
*अपने ही प्रतिबिम्ब से चौकने लगी*
*उम्र का दौर चलता गया*
*मुझे अपने में समेटता गया*

# 25. सीख लिया मैंने

*खुले आसमाँ पर उड़ान भरना*
*बिना परो के भी उड़ना ,*
*सीख लिया मैंने ।।*
*बेगानो को अपना बनाना,*
*भीड़ में अपनों को पहचानना,*
*सीख लिया मैंने ।।*
*हर परिस्थिति को संवारना,*
*रोते रोते भी हँसना,*
*सीख लिया मैंने ।।*
*गैरो का दर्द महसूस करना,*
*अपनी कमजोरियों पर हँसना,*
*सीख लिया मैंने ।।*
*पुराने ज़ख्मो पर मरहम लगाना,*
*अपने ही अतीत से सीख लेना,*
*सीख लिया मैंने ।।*

# 26. मैं हैरान हूँ

*मैं हैरान हूँ*
*दुनिया के बदलाव से*
*अपनो के फासलो से*
*बेगानो के अपनेपन से*
*दोस्तो के रूठने से*
*दुश्मनो के मनाने से*
*बुढ़ापे के तजुर्बों से*
*जवानी की बेफिक्री से*
*अपनो के ज़ख्मो से*
*अनजानो के मरहम से*
*पाश्चात्य की संस्कृति से*
*भारतीयता के पतन से*
*मैं हैरान हूँ*
*दुनिया के बदलाव से*

# 27. परी

*हमारे दिल की परी,*
*आँखों की रौशनी ।।*
*जब से दुनिया में आयी,*
*छोटी सी यह नन्ही कली ।।*
*खुशियों का गुलदस्ता लायीं,*
*हमारे घर को महकाने आयी ।।*
*मेरे चाँद के टुकड़े सी,*
*चारो तरफ ख़ुशहाली लायीं ।।*
*रेशम से बाल,मधु सी बोली,*
*चारो तरफ बहार लायीं ।।*
*झूमे,नाचे सदैव मेरी लाडली*
*यही है तमन्ना दिल की ।।*

# 28. मैं क्या लिखूं

*मैं क्या लिखूं कि क्या था वो*
*नही बयाँ हो सकेगा क्या था वो*
*ज़िंदादिली की मिसाल था वो*
*मुस्कुराहट की असल पहचान था वो*
*क्यू हमारी ज़िन्दगियों को छू गया वो*
*हज़ारों लाखो लम्हें हमें दे गया वो*
*दोस्ती को रिश्तेदारी मे बदल गया वो*
*दोस्ती का वास्तविक मतलब सीखा गया वो*
*हर दिल को अश्रू से भीगा गया वो*
*हमारी यादों मे हमेशा आबाद रहेगा वो*

# 29. तमन्ना

*ये तमन्ना है दिल की ,*
*मिले हर खुशी जीवन की,*
*हर सपने हो दिल के पूरे,*
*सब सच्चे मित्र मिले किस्मत से,*
*खुशियो से भरा हो हर दिन,*
*चाँदनी सी हो हर रात,*
*किसी की लगे न नज़र,*
*तुम फूलो फलो दिन रात,*
*ए दोस्त तुझे दोस्ती की कसम*
*बड़ाओगे हाथ जब,पाओगे हरदम*
*जब मिले हम एक साथ*
*चारों ओर खुशियों की बहार*

# 30. इंतज़ार

*मौसम का हो या अपनो का,*
*वो है इंतज़ार*
*किस्मत का हो या काबिलियत का,*
*वो है इंतज़ार*
*किसी के आने या जाने का,*
*वो है इंतज़ार*
*किसी रूठे हुए को मनाने का,*
*वो है इंतज़ार*
*किसी खोई हुई खुशी का,*
*वो है इंतज़ार*
*अपनी गलतियो की माफी का,*
*वो है इंतज़ार*
*अपने सपनो को साकार करने का,*
*वो है इंतज़ार*
*किसी बिछुड़े हुए से मिलने का,*
*वो है इंतज़ार*

# 31. कल मुझे ढूंढ़ोगे

*कल मुझे ढूंढ़ोगे*
*जीवन के वीरानों में*
*दिन के उजियाले में*
*संध्या के एकाकीपन में*
*रात्रि की शुन्यता में*
*कल मुझे ढूंढ़ोगे*
*महफ़िलो के ठहाकों में*
*बचपन की यादों में*
*कुछ अनकही बातो में*
*कुछ अनदेखे ख्वाबो में*
*कल मुझे ढूंढ़ोगे*
*किसी साथी की आवाज में*
*किसी कोयल के चहकने में*
*किसी वाद्ययंत्र की झंकारमें*
*किसी हमदर्द के अपनेपन में*

www.ingramcontent.com/pod-product-compliance
Lightning Source LLC
La Vergne TN
LVHW050824051026
849532LV00008B/3095